zen-on piano library

KB252108

CZERNY

25 ÜBUNGEN FÜR KLEINE HÄNDE   Op. 748

체르니   작은 손을 위한 25개의 연습곡

교정   다테 준

책등에 표기된 ★의 개수는
난이도를 나타냅니다.

서울음악출판사

········ 해설 ········

1번 1마디째를 잘 연주하기 위해서는 아래와 같은 연습을 하면 좋습니다.

　엄지손가락에 너무 힘을 주지 않도록 하세요.

오른손

왼손

　위는 몇 가지 예입니다. 손가락을 훈련시키기 위한 다양한 아이디어로 곡을 연주할 때 만나는 어려움을 극복할 수 있는 힌트가 될 것입니다.

2번 이 연습곡에서 가장 어려운 부분은 7마디째 2박째부터 다음 마디의 1박째까지입니다. 3도는 우선 2개의 음을 동시에 연주하는 것부터 시작하세요. 여러 음을 원하는 음량으로 연주할 수 있게 되면 3개의 음도 아름다운 음색으로 낼 수 있게 됩니다. 음악적인 요구에 따라서 겹쳐진 3도의 음이 완전히 동일한 음량으로 연주되어야 하는지, 위쪽 음이 부각되어야하는지, 그 반대인지, 다양한 경우에 대응할 수 있는 연습을 하세요.

　우선은 4분음을 p로 16분음을 f로 연습하고, 다음은 그 반대로 연습해봅시다.

3번 빠른 연주에서의 악센트는 팔과 손목의 압력을 튼튼하게 지탱해줄 수 있는 손가락 힘이 중요합니다. 1, 2마디째 유니즌은 우선은 한손씩 연습한 다음, 오른손 f 왼손 p 또는 오른손 p, 왼손 f로도 연습하는 것이 좋습니다.

13마디째 왼손 화음을 균일한 음량으로 연주할 수 없거나 각 손가락의 힘에 차이가 생기는 경우에는 다음과 같은 연습이 효과적입니다. 각각의 손가락이 정확히 움직이면 2개 이상의 음도 균일한 음량으로 연주할 수 있게 됩니다.

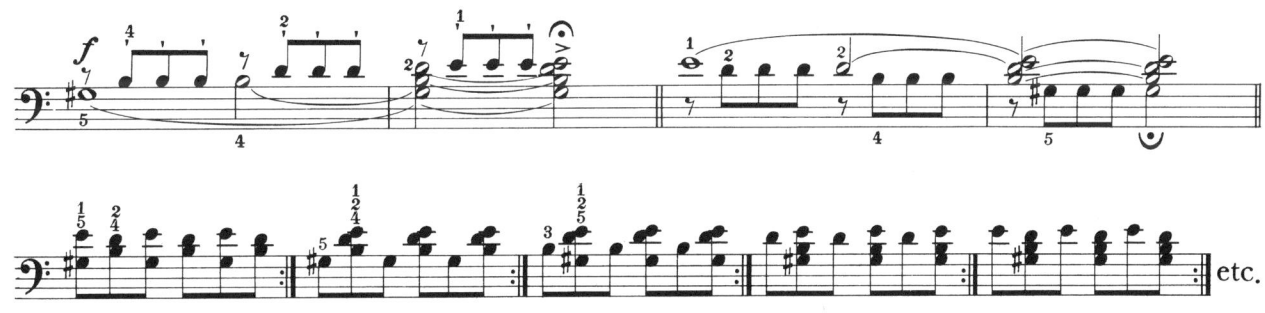

4번 화려한 플루트 음색으로 연주할 것인지, 살짝 편안함이 느껴지는 클라리넷 음색으로 연주할 것인지는 연주자가 자유롭게 선택하면 됩니다. 흐르듯이 노래하는 느낌으로 연주하는 것이 중요합니다.

다음의 악보에서 오른손이 음악적으로 자연스럽게 노래하는 연주를 하기 위한 앞부분 8마디를 살펴보겠습니다.

기본적인 구조를 이해하기 위해서 왼손 반주를 화음으로 연결시켜 연주합니다(진도에 따라서는 선생님이 연주하고 학생은 들으면서 느끼는 것만으로도 충분합니다).

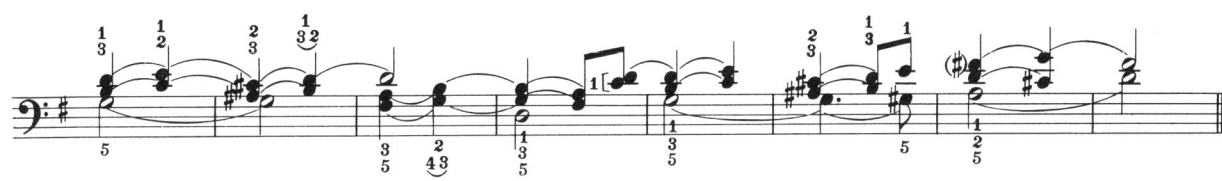

음악적인 귀를 가진 사람이라면 각각의 화음이 가진 긴장감과 프레이징을 느낄 수 있을 것입니다. 선율에 표정을 주는 경우, 곡 자체가 가진 성격과 학생의 진도를 고려해서 루바토(rubato)는 피하는 것이 좋습니다. 강약에 의해 표정을 살리면서 선율을 매끄럽게 연주하는 것이 목표라면 ◁────── 또는 ──────▷ 를 붙이지 않는 것이 좋습니다.

안정된 리듬감과 화음감각을 가지고 있으면 음악적으로 자유롭게 노래하는 연주를 할 수 있으므로 왼손 반주부터 배우는 것이 효과적입니다. 마지막 부분은 오른손 꾸밈음과 32분음, 점음 등의 음악적인 요구를 바탕으로 음 하나하나를 꼼꼼하게 연습하세요.

5번 짧은앞꾸밈음은 다음에 오는 음보다 살짝 약하면서 빠르게 연주하세요. 두 손가락이 느슨하게 붙지 않으려면 다음과 같은 연주를 하면 좋습니다.

6번 학생이 이 코랄을 연주하기 위해서는 주의 깊게 연습해야 할 것이 있습니다. 화음을 연주할 때, 소리가 동시에 나야 하는 것은 물론이고 음량도 같아야 합니다.

2개 이상의 음을 레가토로 연결시키는 테크닉을 익힌 후에, 소프라노(가장 위의 성부)와 베이스(가장 아래의 성부) 그리고 그 중간 성부의 강약 밸런스도 연습해야 합니다. 손가락의 독립적인 움직임, 부드러운 팔, 연주를 따라오는 손목이 중요합니다.

페달을 밟는 테크닉도 중요합니다. 이 곡에서는 주로 현악기의 합주처럼 음을 연결시키기 위해 페달을 사용합니다.

초보자에게 이 모든 것을 동시에 요구하기란 어려우므로 선생님은 학생의 수준에 따라서 부분적으로 연습시키는 것이 좋습니다.

아무 생각 없이 손가락을 움직여서는 안 되며, 아무 때나 페달을 밟지 말아야 합니다.

7번 손가락을 활발하게 움직여 연주할 때 손목이 위아래로 너무 많이 움직이지 않도록 하세요. 처음에는 천천히 각 손가락을 건반에서 정확히 떼면서 연습하고, 속도가 빨라지면 손가락을 건반에서 가까운 위치에 두세요.

주된 연습은 스타카토입니다.

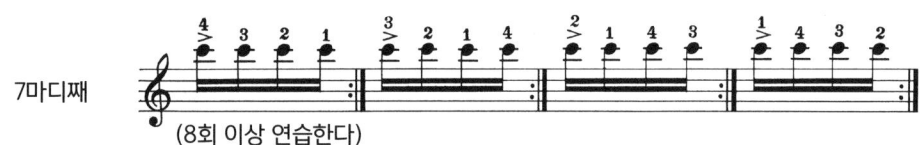

8번

두 음 사이의 트릴 또는 트레몰로 연습효과도 있다.

9번 이 연습곡은 다성적인 양식으로 작곡되었습니다. 각 성부를 같은 음가로 연주하세요. 길게 이어지는 성부와 움직이는 성부를 한 손으로 연주하는 경우(예를 들어 5마디째 오른손) 긴 음의 손가락이 올라가거나 반대로 힘이 너무 들어가거나, 움직이는 손가락의 음량이 달라지지 않도록 하세요.

10번 트릴을 연주할 때에는 손목과 팔에 힘이 들어가지 않아야 합니다. 빠르고 화려하게 트릴을 연주하기 위해서는 정확한 운지와 부드러운 손목의 움직임으로 천천히 두 음의 음량을 맞춰서 연습하세요. 7마디째의 오른손은 체르니의 짧은앞꾸밈음 리듬을 강조하는 경우에 기초가 되는 움직임입니다. 템포가 빨라지면 맨 앞의 16분음이 박자 앞에서 나오기 쉬우므로 주의하세요.

11번 레가토로 연주할 때 손가락 끝은 건반에 닿을 듯한 위치에서 대기하다가 건반을 누르는 것이 좋습니다. 이때 손가락 끝의 느낌은 독립되고 명확해야 합니다. 손목의 움직임은 음악적인 표정과 하나라는 것을 항상 기억하세요. 꾸밈음 때문에 부자연스러운 악센트가 들어가서 레가토에 방해가 되지 않도록 합시다. 앞꾸밈음과 꾸밈음이 앞쪽 박자로 들어가지 않도록 하세요.

12번 왼손 반주는 오른손의 부드럽고 긴 선율과 음형을 도와주듯이 오른손과의 밸런스를 잘 살피며 레가토로 연주합니다. 새끼손가락에 악센트가 들어가면 3/8박자 곡처럼 들립니다. 4마디 단위의 프레이즈를 느끼면서 연주해봅시다.

13번 오른손에 대해서 역진행을 하는 왼손의 16분음 음형태에서는 같은 연습을 하면 좋습니다.

14번 트릴은 10번과 같은 부분에 주의하세요. 트릴과 병행해서 연주하는 선율에서 > 표시가 있는 음은 손가락의 독립된 움직임에 손목이 저절로 따라가게 됩니다. 손목에 너무 힘을 주면 32분음 연주가 어려워집니다. 트릴 앞뒤의 엄지손가락으로 연주하는 4분음은 건반을 누른 후에는 손가락이 올라가지 않을 정도로 힘을 뺍니다. 이때 손목의 자세는 너무 낮아지지 않도록 하세요.

15번 3도의 연결은 어려운 테크닉입니다. 하지만 손가락 연습을 위해서는 필수적인 테크닉입니다.

16번 스타카토 연습입니다. 손가락의 독립되고 민첩한 움직임이 중요하므로 천천히 연습할 때에는 음이 깔끔하게 끊어지도록 연주하고 손목을 많이 사용하지 않아야 합니다. 타건 후에는 손가락을 빨리 올리려고 손목이나 손끝에 힘을 주어서도 안 됩니다. 엄지손가락을 제외하고는 손가락 끝으로 타건하는 순간에 앞쪽으로 가볍게 미끄러뜨리는 느낌으로 연주하세요. 손목은 항상 부드러워야 합니다. 손가락이 정확하게 움직이지 못하는 상태에서 빠르게 연주하려고 하면 손목과 팔에 힘이 들어갈 수 있습니다. 이는 피아노의 모든 테크닉에 공통된 점입니다. 실력이 향상된 학생은 (   ) 안의 운지로 연주해보세요((   ) 밖의 운지로 연주할 때에는 너무 빠르게 연주하지 않도록 하세요).

17번 ***f***로 활발하게 움직이는 음계 안에서 움직임을 멈추는 음이 강박이면 그 직전의 음이 약해지거나 움직임이 흐트러질 수 있습니다. 움직임을 멈추는 음을 포함해 3개 또는 4개 정도 앞의 음부터 손가락 위치에 주의하세요.

　유니즌은 반드시 한손씩 연습한 후에 양손을 합치는 연습으로 넘어가세요.

18번 어떠한 연습이든 연습하는 사람 자신의 음악적 요구가 없다면 실력은 향상되지 않습니다.

　이 A단조의 칸타빌레(Cantabile) 선율을 원하는 대로 연주하려면 오른손 1-2-1, 1-3-1번 손가락의 트레몰로를 기계적으로 연습하는 것이 가장 좋습니다. 엄지손가락은 힘은 강하지만 독립적으로 움직이기 어려우므로 다음과 같은 연습도 효과적입니다.

　처음에는 길게 늘이는 음보다 움직이는 음을 강하게 또는 그 반대로도 연습합니다. 트레몰로 형태를 충분히 연습한 후에는 선율, 저음, 내음의 밸런스(강약의 균형)를 잘 들으면서 연습하세요. 선율을 우선적으로 부각시키고 다음은 저음, 내성은 가장 약하게 연주합니다. 17마디째부터 24마디째는 새끼손가락 또는 약손가락이 선율을 연주하므로 엄지손가락이 연주하는 8분음은 마르카토가 되지 않아야 합니다. 마지막에 레가토 페달을 더하면 이 연습곡은 음악적으로 마무리됩니다.

19번 왼손은 단순한 반주가 아니라 오른손의 표정을 레가토로 부각시키는 대선율입니다. 레가토 안에서 > 또는 ***sf***의 음은 그 앞뒤가 끊어지지 않아야 합니다. 레가토가 음악적으로 연결되도록 연주하세요. 긴 반음계의 연속에서는 운지가 흐트러지지 않도록 해야 합니다.

20번 4번에서 설명한 내용을 떠올리면서 연습해보세요.

21번 2가지 포지션(손의 위치)에 걸쳐 아르페지오를 연습하는 곡입니다. 엄지손가락 연주에서 손목의 위치가 너무 낮아지지 않아야 합니다.

　포지션 이동에서는 엄지손가락을 적극적으로 독립시키고 손목은 손가락의 움직임을 따라가야 합니다. 손가락이 아닌 손목을 돌려서 연주하지 않도록 하세요.

22번 1마디째 리듬은 손가락 끝이 아닌 손목으로 연주한다는 기분으로 손가락, 손목, 팔 순서로 힘을 빼는 것이 이상적입니다. 손가락 끝이 안정적이어야 연주를 잘 할 수 있습니다. 13, 14, 18, 19, 20, 24마디째의 왼손은 단순한 반주가 아닌 오블리가토(선율에 대해서 생략할 수 없는 성부)입니다.

23번 3도 레가토는 15번에서 언급한 주의점을 참고해서 연습하세요. 스타카토에서는 손목을 너무 많이 사용하지 않아야 합니다. 독립된 손가락 운동이 바탕이 되도록 연습하세요.

24번 이 곡의 연습목적은 고른 음량의 32분음 움직임을 만드는 것입니다.

25번 트리오(Trio) 부분을 제외하고는 오른손과 왼손이 음악적으로 대등한 의미를 가지고 있습니다. 서로 성질이 다른 음형을 좌우로 완전하게 나눌 수 있도록 연습하세요.

25 Übungen für kleine Hände.

CARL CZERNY Op.748.

Allegro moderato

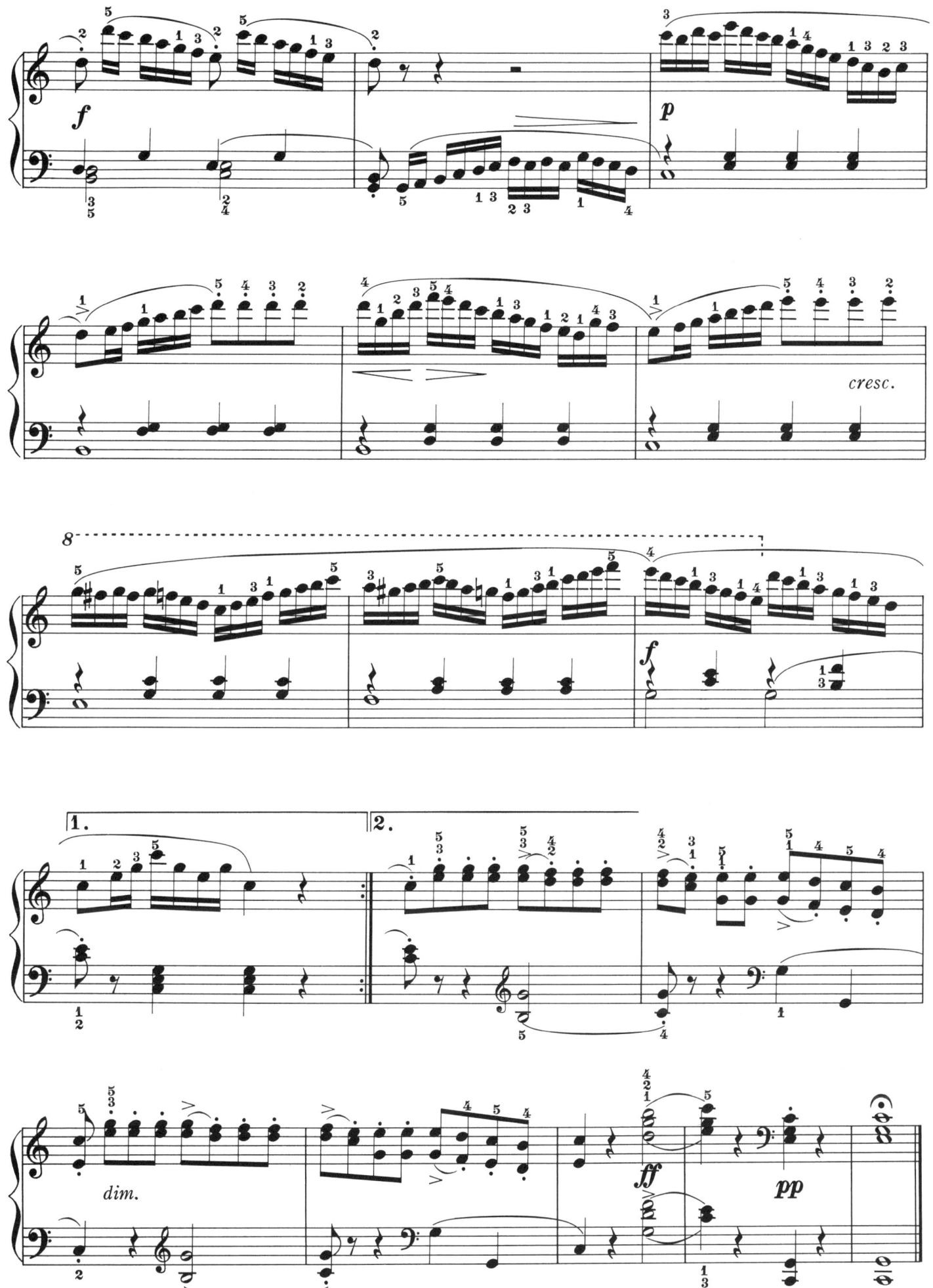

Allegretto vivace

2.

3.

14

Andantino cantabile

4.

Allegro vivace

5.

① ② 앞꾸밈음은 매우 짧게.

18

Moderato sostenuto Choral

6.

Allegretto vivace

7.

Allegretto

9.

Allegro vivace

24

Allegro con moto
sempre legato

11.

Andantino grazioso

12.

Andante con moto

13.

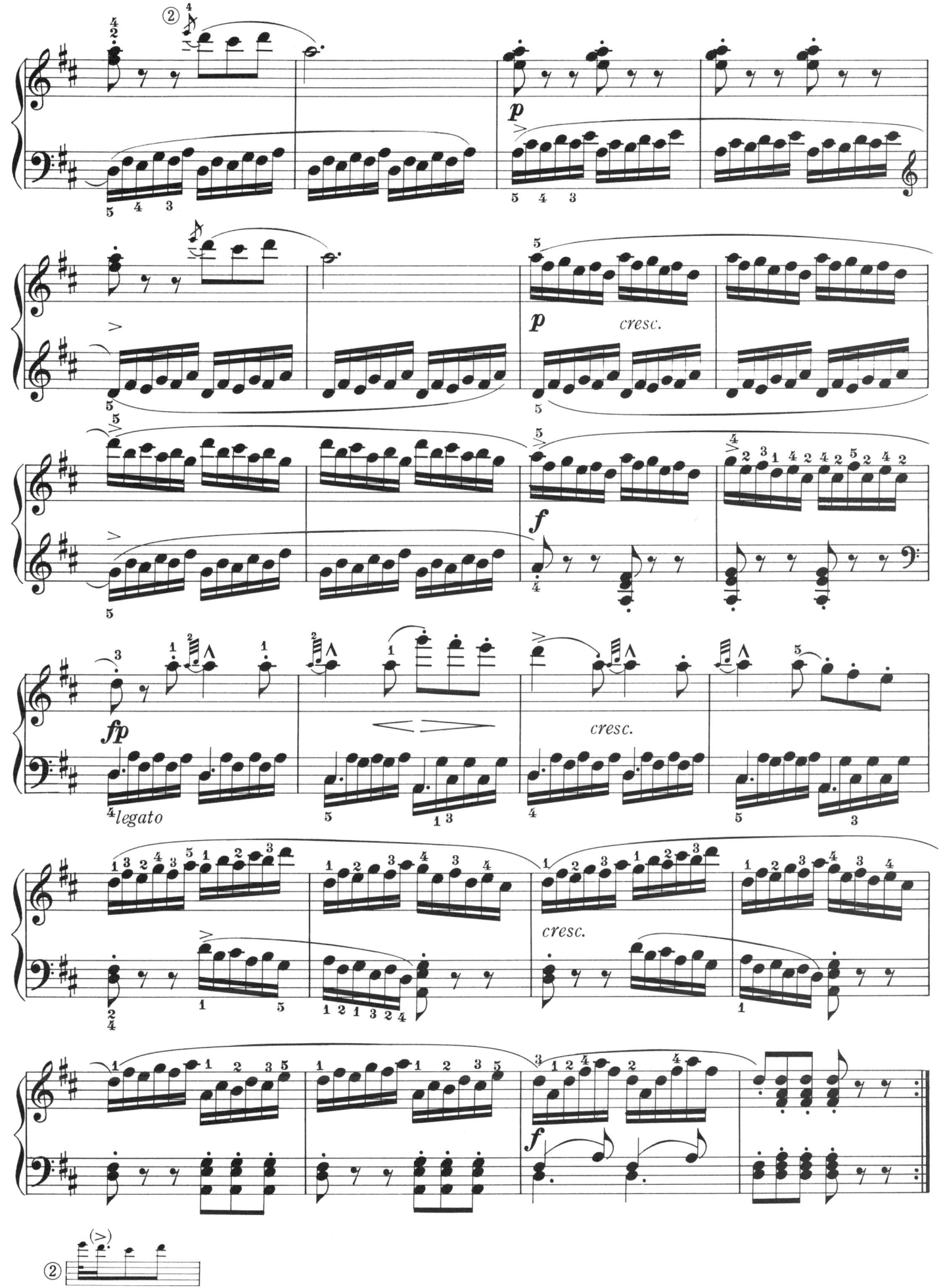

Allegretto

14.

Allegretto

15.

Allegretto animato

16.

34

Allegro

17.

38

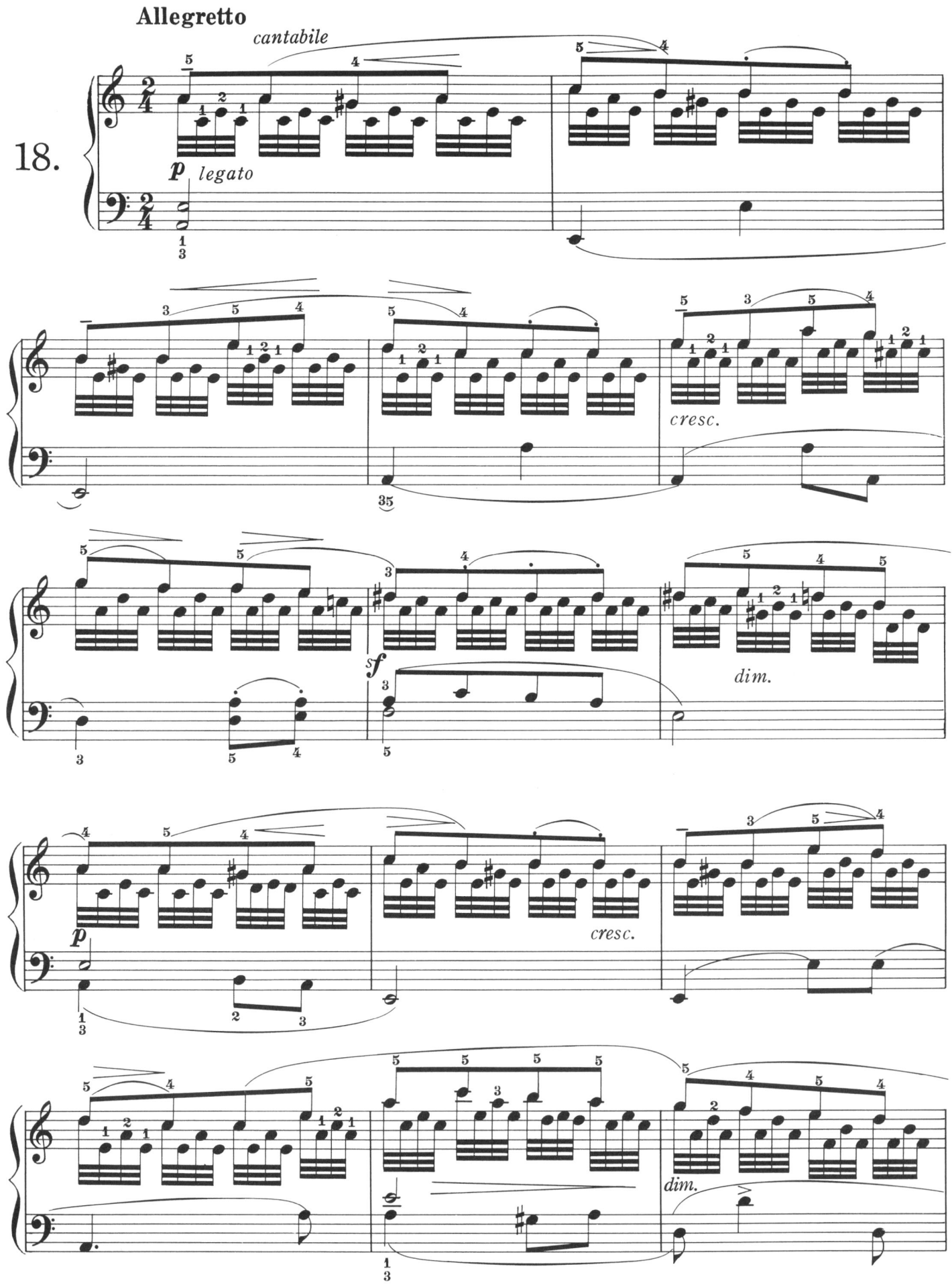

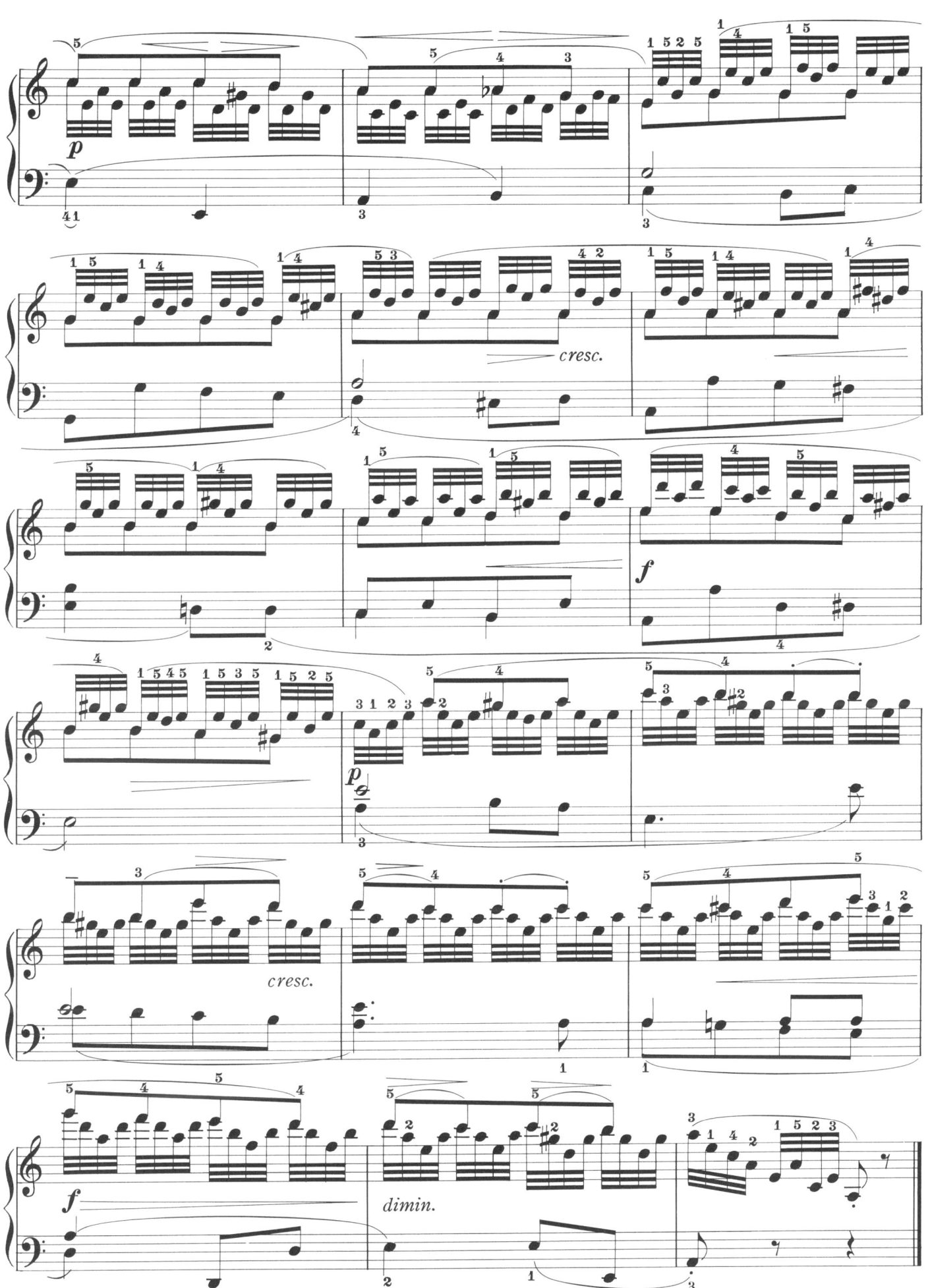

Allegretto tranquillo

19.

Romanze.
Andantino espressivo

20.

Allegretto vivace

21.

Andantino espressivo

22.

48

Allegretto vivace

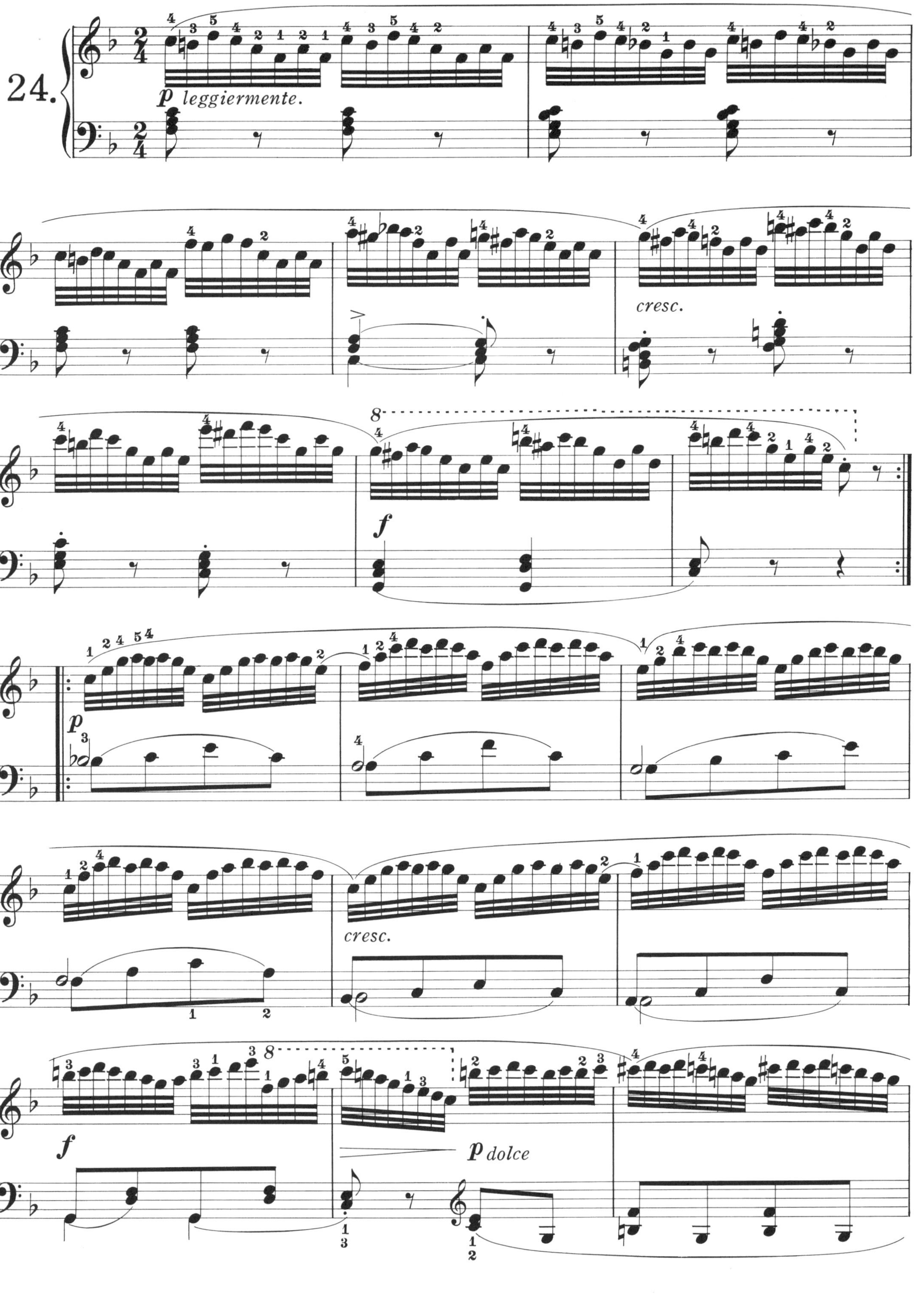

24.

Allegro marziale

25.

TRIO

Da Capo al Fine

젠온 피아노 라이브러리
체르니 [원전판] 시리즈

체르니
작은 손을 위한 25개의 연습곡

초판발행   2025년 7월 1일

지 은 이   젠온악보출판사 편집부
펴 낸 이   하성훈
펴 낸 곳   서울음악출판사
주   소   서울 서초구 반포대로22길 85 에덴빌딩 3층
영 업 부   02-587-5157
등록일자   2001년 4월 23일
등록번호   제2001-000299호
홈페이지   www.seoul-music.co.kr

© 2025, 서울음악출판사
© 1965 by Zen-On Music Co., Ltd., Tokyo.

값 8,000원
ISBN 979-11-6750-148-6